AF198895

Pep Talk

Der Football-Podcast-Guide 2020

Marcus Helwing

Pep Talk

Der Football-Podcast-Guide 2020

Impressum

Bibliografische Informationen der Deutschen National-bibliothek: Die Deutsche Nationalbibliothek verzeichnet diese Publikation in der Deutschen Nationalbibliografie; detaillierte bibliografische Daten sind im Internet über http://dnb.dnb.de abrufbar.

Herstellung und Verlag
BoD – Books on Demand, Norderstedt

ISBN: 9783750498389

Inhaltsverzeichnis

Game Plan – Die Einleitung

Das Jahr 2020 wird vermutlich als ein sehr markantes in die Geschichtsbücher eingehen. Das Corona-Virus, welches binnen Wochen pandemische Ausmaße annahm, hielt monatelang die Welt in Atem und brachte das gesellschaftliche Leben an vielen Stellen völlig durcheinander. Wie schwer die Auswirkungen genau sind und für wie lange sie einen nachhaltigen Einfluss haben werden, ist bisher überhaupt nicht abzusehen. Die Sportwelt ist logischerweise dadurch ebenfalls immens hart getroffen worden. Bei König Fußball wurden in Deutschland alle Augen zugedrückt, um irgendwie weiterspielen zu können, bei anderen Sportarten erfolgte hingegen mehr oder weniger sofort der Abbruch. Handballer, Volleyballer und Basketballer können ein Lied davon singen.

Die Vereinigten Staaten von Amerika sind nach einer kurzen Gnadenfrist von dieser Welle überrollt und wegen gewisser Unterschiede im Gesundheitssystem, in Bezug zu europäischen Staaten, durch das Virus völlig aus der Bahn geworfen worden. In sportlicher Hinsicht setzten die NBA, die NHL und die MLB den Spielbetrieb bis auf Weiteres aus oder verschoben den Saisonstart. Einzig die vierte große amerikanische Sportart, der American Football, war in Anbetracht der Umstände in einer relativ komfortablen Situation, da sich die NFL in der sogenannten Off-Season befand. So mussten keine Spiele verlegt oder vor leeren Rängen durchgeführt werden. Ob dem Football das im September zum avisierten Saisonbeginn noch bevorsteht, bleibt abzuwarten.

Während dieser Zeit versorgt die NFL in gewohnt professioneller Weise die ganze Medienmaschinerie mit Nachrichten und Meldungen, die gerade wegen des derzeitigen Engpasses dankend aufgegriffen werden. Football fristet in Deutschland momentan zwar noch das Dasein einer absoluten Randsportart, aber seit einigen Jahren steigt das Interesse stetig. Die amerikanische Liga hat in der letzten Saison ihr einhundertjähriges Jubiläum gefeiert. Unglaubliche Spiele, verrückte Geschichten, Spektakel allenthalben und absoluter Hochleistungssport wurden den Zuschauern, Fans und Interessierten dargeboten. Wenn es nicht schon längst geschehen war, dann haben sich spätestens in der letzten Saison viele Menschen mit dem Football-Virus infiziert.

Derweil die Welt mit dem Corona-Virus ringt, verlangt das absolut ungefährliche Football-Virus auch nach Material. Als Teil einer Gesellschaft der westlichen Welt verfügen die Menschen über diverse Möglichkeiten, mit den Folgen der Pandemie umzugehen. Die erforderliche soziale Distanzierung kann zu sozialer Isolation, im schlimmsten Fall gar zu Depressionen führen. Es steht mehr Zeit zur freien Verfügung, die oft zu Hause verbracht wird, aber es ergeben sich ebenfalls neue Herausforderungen. Im Zeitalter des Präsentismus setzen Menschen auf Technik, um jegliche Art von Problemen zu lösen. So kommt es dem Podcasting sehr zupass, dass während des Corona-Lockdowns über die Ressource Zeit deutlich freier verfügt werden konnte und die Beschäftigung jedes Einzelnen mit sich selbst enorm an Bedeutung gewonnen hat. Da sich das Medium Podcast seit einigen Jahren auf dem Vormarsch befindet, war dieser Extraschub zwar nicht zwingend erforderlich, hat aber den Bekanntheitsgrad noch einmal merklich gesteigert.

So besorgen sich auch mehr und mehr Footballfans auf einer regulären und regelmäßigen Basis ihre Informationen über ihre bevorzugten Podcasts. Warum auch nicht? Es ist einfach. Praktisch jeder hat heute ein Smartphone und man hat es nicht mehr nur am Körper, denn es ist zu einer solchen Selbstverständlichkeit im Alltag geworden, dass es mitunter schon wie eine weitere Extremität des eigenen Körpers anmutet. Die Hardware, zusätzlich Kopfhörer, sollte demnach schon vorhanden sein. Dann bedarf es lediglich eines Podcatchers (einer App), welcher die ausgewählten Podcasts herunterlädt und zum Abspielen bereithält. Manche bevorzugen das direkte Streaming, weil kein Speicherplatz belegt wird. Es setzt allerdings eine beständige und verlässliche Internetverbindung voraus, wenn nicht das Gefühl aufkommen soll, zerhackten Funksprüchen auf der Ultrakurzwelle zu lauschen.

Der größte Vorteil von Podcasts liegt im Zeitmanagement. Die Episoden stehen jederzeit zur Verfügung. Man kann sie morgens, mittags, abends oder nachts hören. Man kann sie unterwegs hören – auf dem Weg zur Arbeit, zum Einkaufen, zum Training, zur Uni, etc. –, zu Hause, im Auto, auf dem Fahrrad oder in der Sauna. Der Podcast ist zu jedem Zeitpunkt zu pausieren oder ganz zu stoppen. An der exakt gleichen Stelle kann das Hören bei späterer Gelegenheit fortgesetzt werden. Das Beste jedoch ist, dass sogar die Abspielgeschwindigkeit zu wählen und bei Bedarf anzupassen ist. In der Regel bedeutet das, dass das Tempo auf anderthalb- oder gar zweifache Geschwindigkeit erhöht wird. Demnach ist es möglich, in einer Stunde den Inhalt eines Gespräches aufzunehmen, welches ursprünglich, bei der Aufzeichnung, deutlich mehr Zeit in Anspruch nahm. Allerdings hängt es von jedem selbst ab, ob diese Option gewählt werden sollte, da manche Menschen damit überhaupt kein Problem haben, andere jedoch nicht so gut folgen können oder es sogar als anstrengend und unangenehm empfinden. Dafür gibt es eben die User-Einstellungen. Jeder nach seinen Fähigkeiten, jeder nach seinen Bedürfnissen.

Ähnliche Vorteile genießen natürlich auch die Produzenten. Insbesondere bei Podcasts, die nicht an ein anderes – konventionelles – Medium gebunden sind. Solche, die in Eigenregie produzieren, können so kurze oder so lange Aufzeichnungen machen, wie es ihnen beliebt. Der Inhalt ist frei zu wählen. Was gerade anliegt, bestimmen sie. Die Freiheit hat allerdings auch ihren Preis. Freelancerproduktionen fehlt es an lang-, zuweilen auch an kurzfristiger monetärer Planungssicherheit. Sie finanzieren sich über diverse Modelle, seien es Spenden, seien es Abonnements, seien es Kooperationen, seien es Zusatzepisoden, die nur gegen einen kleinen Obolus abgerufen werden können. Manche schalten kleine Werbeblöcke ein, sofern sie dies wollen und potente Sponsoren hierfür finden konnten. Wenn die Podcasts einer größeren Medienanstalt angeschlossen sind, haben sie sich nach den entsprechenden Vorgaben zu richten. Die eingeschränkte künstlerische Freiheit geht hier mit relativer finanzieller Sicherheit einher. Das muss jedoch jeder Podcastproduzent mit sich selbst ausmachen, zumal sich die Entscheidung sicherlich auch an den jeweils angelegten Ansprüchen orientiert.

Wichtig ist, von vornherein festzuhalten, dass in diesem Guide nicht höchstrichterlich verkündet werden soll, welcher Football-Podcast gut ist und welcher schlecht. Dieser Hybris wird kein Raum gegeben, insbesondere, da die Geschmäcker bekannterweise sehr verschieden sein können. Jeder sollte sich eine Melange zusammenstellen, die ihn am ehesten zufriedenstellt. Das ist keine Bringschuld der Produzenten, sondern eine Holschuld der Hörer. Wenn Euch ein Angebot nicht (mehr) gefällt, schaltet um, werdet tätig und sucht Euch ein anderes. Es wird keine Liste erstellt, keine Krone verteilt und kein Ranking zusammengeschustert.

Dieser kleine Football-Podcast-Guide soll einen winzigen Einblick in große Welten eröffnen. Die Welt des Podcasts, die Welt des Footballs und die Welt der Sprachen. Da es sich beim Football um eine genuin amerikanische Sportart handelt, kommt man an der englischen Sprache hin und wieder nicht vorbei. Wer sich auf das Englische einlässt, dem stehen mehr Optionen offen, aber mittlerweile gibt es auch qualitativ gute und weit gestreute Angebote im deutschsprachigen Raum. Andere Faktoren spielen mitunter auch eine gewichtige Rolle. Welche Länge einer Episode wird bevorzugt – kurz und knackig oder extrem detailliert –, wie hoch ist die Frequenz neuer Folgen – einmal oder mehrmals pro Woche –, welcher Ansatz wird gewählt – sportlich, journalistisch, unterhaltend?

All diese Elemente werden im Football-Podcast-Guide erfasst. Nach dem Eintauchen in die Welten des Footballs und des Podcasts, in denen man sich ob der Vielfältigkeit schnell verlieren kann, sind ein paar Perlen zutage gefördert worden, die hier detailliert beschrieben werden. Drei deutschsprachige und fünf englischsprachige Podcasts haben sich für diesen Guide qualifiziert. Sie alle verfügen mindestens über ein Alleinstellungsmerkmal, sie alle bieten interessante Persönlichkeiten und Personalkonstellationen auf, sie alle werfen das Scheinwerferlicht von verschiedenen Positionen auf die Industrie rund um das runde Lederei. Vor allem sind sie jedoch eins: hörenswert. Die Podcasts *Footballerei*; *DOWN, SET, TALK!*; *FOOTBALL BROMANCE*; *Around the NFL*; *RapSheet and Friends*; *Move the Sticks*; *Unbuttoned* und *Upon further Review* sind Thema in Pep Talk.

Footballerei – Der Stammtisch

Start	Episoden	Häufigkeit	Dauer
09/2016	~ 250	1-2 Folgen pro Woche	~ 60 bis 90 Minuten
Podcaster		**Affinität**	
Alex von Kuczkowski		Jacksonville Jaguars	
Sebastian Stolz		Green Bay Packers	
Christian Detterbeck		Seattle Seahawks	
Remo Zellmer		San Francisco 49ers	
Florian Kaiser		Pittsburgh Steelers	

NFL frei Schnauze ist hier das Motto und dem wird auch entsprochen! Seit einigen Jahren, insbesondere seit Super Bowls mehrfach im frei empfänglichen deutschen Fernsehen laufen und auch reguläre Liga-spiele immer mehr Deutsche in ihren Bann ziehen, erlebt American Football in Deutschland einen immen-sen Aufschwung. In zunehmendem Maße sehnen sich Menschen danach, über das faszinierende Treiben in der NFL und im American Football generell informiert zu werden, zu reden, zu streiten und abschließend anzustoßen. All das wird hier geleistet, sowohl durch die Protagonisten als auch durch die Zuhörer.

Zunächst muss an dieser Stelle jedoch festgehalten werden, dass der Podcast nur ein Vertriebsweg für die Inhalte der *Footballerei* ist. Für visuelle Typen stehen Streams und Videos auf einschlägigen Plattformen wie YouTube, Instagram und Twitch bereit. In einem gut besuchten, hinreichend frequentierten und vorbildlich betreuten Discord-Forum kann jeder, wirklich jeder, seinen Senf zu unglaublich vielen beliebigen Soßen hinzugeben und mit anderen Footballverrückten über den Sport, die NFL und bei Bedarf über Gott und die Welt diskutieren.

Seit 2016 befindet sich das Wohnzimmer der *Footballerei* in einem relativ kleinen Raum in der Hamburger Volksbank Arena, aus dem der Football-Talk die deutsche Footballgemeinde erreicht. In den vergangenen Jahren ist die Anhängerschaft beständig gewachsen, weswegen sich auch die *Footballerei* um zusätzliches Personal bemühen musste. Mit Max, Marc, Lennart, Sebastian und so manch anderem hat sich die *Footballerei* erweitert und zum Teil verjüngt. Dennoch bleibt die Stammcrew das Herz dieser gemütlichen Plauderrunde. Wie viele Familien damals bei *Wetten, dass..?* am Samstagabend vor dem Fernsehgerät versammelt wurden, so scharen sich in der Off-Season nur am Montag, während der regulären Saison am Montag und am Freitag, die Fans der *Footballerei* vor den jeweiligen Empfangsgeräten, um die neuesten Ereignisse aus dem NFL-Universum zu diskutieren. Die Zusammensetzung der Runde variiert dabei immer wieder, je nachdem wer Zeit hat (oder um bspw. per Video-Chat zugeschaltet zu werden) und wer vor Ort in der Freien und Hansestadt Hamburg ist.

Moderiert wird die launige Runde in der Regel vom Hochadel. Alex von Kuczkowski (Kucze), der vernünftigerweise Politikwissenschaft in Berlin studiert hat, seine journalistischen Meriten jedoch bei Produkten (B.Z. und BILD) des Evil Empires – des Axel-Springer-Verlages – erworben hat und zu allem Überfluss auch noch Jacksonville-Jaguars-Fan ist. Aus seiner Zeit bei der Zeitung rührt vermutlich sein nach wie vor ausgeprägtes Interesse an boulevardesken Themen, die er immer wieder in Beziehung zu seiner Footballleidenschaft zu setzen vermag. Eine Faszination für selten gebrauchte Wörter und Sprache schimmert zuweilen ebenfalls durch. Als moderner Conférencier hält er sich in den Debatten ein wenig zurück, behält die Live-Chats und Kommentare auf diversen Plattformen im Blick und lässt den anderen Gästen Raum, um zu glänzen. Explizit nach seiner Meinung gefragt, hält er mit eben dieser jedoch nicht hinter dem Berg.

Sebastian Stolz (Stolle) ist nunmehr seit Jahrzehnten in der Welt des Sports, der PR und des Managements vertreten, lässt sich aus ihr nicht mehr wegdenken und verbindet alle drei Aspekte immer wieder in unterschiedlichsten Projekten aufs Neue. Er ist ein Die-Hard-Green-Bay-Packers-Fan – ein Bild von Brett Favre ziert seinen Körper – hat aber auch schon für die Oakland Raiders gearbeitet, indem er die Silver-and-Black im deutschsprachigen Raum virtuell zu präsentieren vermochte. Stolle ist von Grund auf skeptisch, mag weder die Chicago Bears noch die Minnesota Vikings und hält absolut rein gar nichts von Tanking-Theorien. Wenngleich er sich durch seine Liebe zum Eishockey manchmal vom Football ablenken lässt, verkörpert er mit seinem famosen Bartwuchs die Weisheit des Alters schlechthin. Wenn er spricht, lauschen die anderen Diskutanten meist andächtig. Manche denken vermutlich, Zeus spricht vom Olymp herunter, andere denken wohl eher an Opa, der mal wieder aus dem Schützengraben vom Krieg erzählt.

Eines ist jedoch unzweifelhaft richtig. Wenn Stolle die Weisheit verkörpert, dann handelt es sich bei Christian Detterbeck um das personifizierte Wissen. Detti ist eine wandelnde Football-Datenbank. Hinzu kommen ausgeprägte rhetorische Fähigkeiten, gepaart mit einem ihm innewohnenden Rededrang, wodurch jeder Beitrag zu einem Referat ausufern kann. Seine Meinungen sind jedoch extrem gut durch Fachwissen und

Statistiken untermauert, wodurch das Widerlegen der Argumentation den anderen in den jeweiligen Runden oft schwerfällt. Allerdings lebt er nicht nur in dieser, sondern auch in einer anderen Welt; nämlich der des Fantasy-Footballs. Wenn er während seiner Ausführungen beginnt in diese abzuschweifen, kann man sich auch ruhig mal eine Tasse Kaffee holen. Immerhin hat Detti zusammen mit Kucze ein ganzes Buch über Fantasy-Football geschrieben. Wie viele Football-Fans in Deutschland hat auch er sein Herz an die Seattle Seahawks verschenkt, was vermutlich das Langweiligste ist, was es über den sympathischen Bayern zu sagen gibt.

Wenn Detti sich meist per Video-Schalte aus der bayerischen Provinz meldet, so ist Remo Zellmer immer am Puls der Zeit. Remo lebt im pulsierenden Zentrum der Republik und muss auch gerade in medizinischer Hinsicht immer auf dem Laufenden sein, ist er doch der Arzt – geradezu eine Koryphäe – der *Footballerei*. Sein Spezialgebiet ist der Rücken, da Beschwerden in diesem Bereich äußerst hartnäckig sind und oftmals trotz vorbildlicher Behandlung niemals zur Gänze verschwinden. Seine Analysen sind etwas stärker von Euphorie und Sym- bzw. Antipathie geprägt, dafür zeichnet Remo gerne große Bögen und steht für spannende Prognosen. Von Rückschlägen lässt er sich nicht entmutigen und ist auch bereit, seine Meinung auf allen Kanälen zu verteidigen. Er mag weder Tom Brady noch die New England Patriots, ist Hertha- und vor allem San-Francisco-49ers-Fan, weswegen er gerade in den letzten Jahren viel Kraft und Zuspruch brauchte.

Der Mann, ohne den vermutlich nichts liefe, ist Florian Kaiser. Er hält sich lieber hinter als vor der Kamera auf (ist natürlich beim Podcasten unbedeutend), was vermutlich als eine Art Berufskrankheit ausgelegt werden kann. Im normalen Leben liefert Flo nämlich Bewegtbilder von sportlichen Großveranstaltungen. Wenn es aber gar nicht anders geht, wenn alles zusammenbricht, wenn kein anderer zur Verfügung steht, wenn das Studio sonst komplett verwaist wäre, lässt auch er sich breitschlagen und moderiert ganze Sendungen. Wenngleich seine Sätze hin und wieder nicht zu Ende geführt werden – das Schlussverb fehlt zuweilen – verkörpert er wie kein anderer in der *Footballerei* norddeutsche Bodenständigkeit, Gelassenheit und Zurückhaltung. In Sachen Football hat er sich der dunklen Seite, den Pittsburgh Steelers, verschrieben. Er plädiert meistens dafür, erst einmal abzuwarten, bevor wilde Spekulationen ins Kraut schießen, er hält Tanking – völlig zurecht – für möglich und er hat definitiv das ansteckendste Lachen der gesamten Crew.

Alle zusammen erschaffen sie eine Atmosphäre, welche die Zuhörer schon beim erstmaligen Hören wie in einen Strudel hineinzieht. Es handelt sich dabei um eine Mischung aus familiärer und freundschaftlicher Grundstimmung, die einen schnell dazugehören lassen möchte und durch ihre Offenheit eben dies auch blitzartig ermöglicht. Eine entspannte Runde mit viel Plauderei, die jedoch mitnichten ungetrübt von Fachwissen ist. Wer sich hier nicht heimisch fühlt, könnte evtl. eine misanthropische Veranlagung haben.

DOWN, SET, TALK! – Die Meinungsmacht

Start	Episoden	Häufigkeit	Dauer
04/2018	~ 130	1 Folge pro Woche	~ 2 bis 3 Stunden

Podcaster		Affinität	
Adrian Franke		Arizona Cardinals	
Christoph Kröger		Las Vegas Raiders	

Im Zuge des steigenden Interesses in Deutschland an American Football sind nicht nur die klassischen, althergebrachten Fernsehsender auf diesen Sport aufmerksam geworden. Andere, neue Formate kamen aktiv und kreativ auf. Es ist verschiedenen Sendern/Plattformen gelungen, mit eingeschränkten Ressourcen beachtliche Marktanteile zu erreichen. Zu ihnen gehören *DAZN* und *SPOX*. Bei *DAZN* handelt es sich um einen kostenpflichtigen Streamingdienst, dessen Geschäftsprinzip darin besteht, Übertragungsrechte diverser, möglichst vieler, Sportarten zu bündeln, sodass eben *DAZN* zu der primären Anlaufstelle wird, an welcher Sportereignisse zu verfolgen sind. *SPOX* hingegen ist eine Onlineplattform, eine Website, die ihren Kunden journalistische Angebote aus dem Bereich des Sports unterbreitet. Neben anderen Sportarten liegt ein Schwerpunkt auf den vier US-amerikanischen Profiligen. Demnach ist Football ein elementarer Bestandteil ihrer Berichterstattung.

Um ihren Bekanntheitsgrad zu steigern, Synergien zu erzeugen, die Zusammenarbeit zu bekräftigen und ebenfalls auf der Podcast-Welle zu reiten, produzieren sie seit 2018 *DOWN, SET, TALK!*. Hierfür zeichnen die beiden jungen Podcaster Adrian Franke und Christoph Kröger verantwortlich. Adrian Franke ist schon während seines Studiums journalistisch tätig geworden und hat sich über die Arbeit bei lokalen Sportredaktionen und mittels eines mehrjährigen Volontariates zum festangestellten Mitarbeiter qualifiziert. In den letzten Jahren entwickelte sich, durch eine faszinierende Interaktion zwischen ihm und der German Birdgang, eine gewisse Affinität zu den Arizona Cardinals. Christoph Kröger hingegen kommt eher aus dem Bereich Radio, in welchem er jahrelang zunächst ebenfalls als Volontär, später als Moderator und Redakteur gearbeitet hat. Ihm wird von informierter Seite eine Nähe zu den – seit 2020 – Las Vegas Raiders nachgesagt. In Kombination sind sie befähigt, Inhalte zu recherchieren, einen Sendungsablauf festzulegen, die Technik zum Aufzeichnen und Ausstrahlen zu beherrschen und während der Sendung zu quasseln, was das Zeug hält.

Sie vertreten definitiv den meinungsjournalistischen Ansatz mit einem starken Hang zur Auswertung jeder Footballstatistik, derer sie habhaft werden können. Beide beschäftigen sich sehr mit Football, haben sich viel Wissen angelesen und verfolgen die Geschehnisse in der NFL über die verschiedenen Social-Media-Kanäle fast in Echtzeit. Was *DOWN, SET, TALK!* ausmacht, sind die Detailtreue, die Ausführlichkeit, die Diskussionsfreude, die Streitbarkeit und die wilden Vorhersagen. Bei aller Meinungsstärke, die hin und wieder, gerade wenn es um das eigene Team geht, auch enervierend werden kann, sind die Protagonisten aber durchaus auch kritikfähig. So ist es schon vorgekommen, dass sie ihre Meinung bezüglich mancher Mannschaften, Spieler oder Trainer revidiert haben.

Befeuert wird der Meinungsaustausch durch eine Flut von Statistiken, Zahlen, Werten, Rankings, Indizes, Messungen und einer Portion Zahlengläubigkeit. Zu jedem Team, zu jedem Spieler, zu jedem Coach wird eine aussagekräftige Statistik präsentiert. Demnach verläuft die Argumentation durchaus analytisch, da die Zahlen die Thesen sofort zu stützen vermögen. In jedem Fall scheint eine Standleitung zu den Datenbanken von NFL, *Football Outsiders* und *Pro Football Focus* (*PFF*) zu bestehen. Darüber hinaus bewahren sie – ob gewollt oder ungewollt – stets eine gewisse Nähe zur englischen Sprache. Vielleicht ist sie zufällig entstanden, vielleicht ist sie durch das amerikanische Element des Footballs bedingt, vielleicht wird sie durch die starke Bezugnahme auf die Statistiken und Indizes hervorgerufen oder aber vielleicht ist sie einfach gewollt. Die Zielgruppe scheint es dem Duo zu danken, wenigstens aber nicht übelzunehmen. Die Macht der Gewohnheit ist natürlich auch nicht zu unterschätzen.

Die Rollenverteilung der beiden Podcast-Macher ist für jeden Hörer offenkundig. Christoph Kröger übernimmt die Rolle des Moderators, gibt für die Episoden Rahmenpläne vor, stößt Diskussionen an, weist auf zu beachtende Punkte hin und lenkt das gesamte Gespräch. Dies erzeugt eine feste Struktur für die Folgen von *DOWN, SET, TALK!*. Seine persönlichen Präferenzen bringt er allerdings gekonnt mit ein, ohne seinem Gesprächspartner das Wasser abzugraben. Adrian Franke fungiert in den Dialogen meist als Experte, indem er seine journalistischen Einschätzungen und Meinungen zu den gefragten Punkten abgibt. Das führt hin und wieder dazu, dass sein Redeanteil merklich größer ist als der seines Gesprächspartners, was aber angesichts der Konstellation nicht ungewöhnlich erscheint. Zudem hat vermutlich jeder schon selbst be-obachtet, dass es redefreudigere und schweigsamere Menschen gibt.

DOWN, SET, TALK! ist ein Podcast für Anfänger und Fortgeschrittene. Das Zwiegespräch eröffnet die Chance, schnell die Thematik aufzugreifen und den Podcastern folgen zu können. Auch wenn zu Anfang nicht alles selbsterklärend verläuft, wird es sich im Laufe der Zeit ergeben, sofern man am Ball bleibt und das Interesse am Football echt ist. Fachleute, Insider und Kenner der Materie können Spezialbegriffe auf-nehmen und sich Statistiken herauspicken, mit denen sie bei jeder Diskussion im Freundes- oder Bekann-tenkreis zum Mittelpunkt avancieren, indem sie Denk-anstöße aus *DOWN, SET, TALK!* entweder erwähnen oder gar als ihre eigenen ausgeben. Wer Zahlen liebt, Moneyball spielt und auf starke Meinungen steht, ist beim deutschen *PFF*-Ableger genau richtig.

FOOTBALL BROMANCE – Die Bruderschaft

Start	Episoden	Häufigkeit	Dauer
08/2019	~ 80	1-2 pro Woche	~ 60 bis 90 Minuten
Podcaster		Affinität	
Patrick Esume		Las Vegas Raiders/ Cleveland Browns	
Björn Werner		Indianapolis Colts	

Football ist ein harter Sport. Er bringt demnach auch harte Typen hervor. Zugleich vermag er jedoch ebenfalls enorme Emotionen freizusetzen, bei Spielern, Trainern, Verantwortlichen und nicht zuletzt den Fans. Es kann sich dabei um Freude, Trauer, Begeisterung, Ernüchterung, Hass, Hoffnung und Liebe handeln. Bei den meisten Football-Verrückten dürften all diese Gefühle zu einer Melange verschmolzen sein. Das funktioniert aber nur, weil die beiden Personen, die den Podcast miteinander produzieren, ebenfalls eine spezielle Bindung eint – eine Bromance. Bei einer Bromance handelt es sich um eine extrem enge, nicht sexuelle, Beziehung zwischen, wie in diesem Fall, zwei Männern, die auf der selben Wellenlänge funken. Über den Äther tauschen sie sich dann auch noch über das selbe Thema aus – Football.

Patrick Esume, im Folgenden nur noch Coach Esume genannt, ist ein ehemaliger deutscher Footballspieler, der die Positionen Cornerback und Safety bekleidet hat. Nach dem Ende seiner aktiven Karriere begann er rasch, mehrere Sprossen auf der Trainerleiter hinaufzuklettern. In Kombination als Spieler und Übungsleiter war er bei den Hamburg Blue Devils, den Kiel Baltic Hurricanes, bei Frankfurt Galaxy, den Cleveland

16

Browns und den Oakland Raiders tätig. Somit gelang ihm als bisher einzigem deutschen Trainer der Sprung in die NFL. Er gewann zweimal den German-Bowl, dreimal den Euro-Bowl und zweimal den World-Bowl. Darüber hinaus trainierte er die französische Nationalmannschaft und gewann mit ihr einen Europameistertitel. Einst wagte er es sogar, sich im Flugzeug auf den Platz von Al Davis, dem legendären Owner der Oakland Raiders, zu setzen, aber die Geschichte kann er selbst am besten erzählen. Wichtig ist, dass er als der Ältere der beiden Protagonisten die Sicht eines Trainers einnimmt, darstellt und vermittelt.

Sein kongenialer Diskussionspartner ist Björn Werner, ein ehemaliger Footballspieler, der in der NFL für die Indianapolis Colts aktiv war. Er wurde, als erster deutscher Footballspieler überhaupt, in der ersten Runde – an vierundzwanzigster Stelle – im NFL-Draft ausgewählt, nachdem er sich am College an der Florida State University auf den Draft Boards der Scouts mittels starker sportlicher Leistungen nach oben gearbeitet hatte. Wenngleich ihm enormes Talent beschieden und bescheinigt worden war, konnte er verletzungsgeplagt und -bedingt nur wenige Jahre in der stärksten Football-Liga der Welt auflaufen. Seine berühmten Werner-Knie ließen ihn mehr und mehr im Stich, weswegen er sich 2017 schweren Herzens dazu entschied, seine Spielerkarriere zu beenden, ohne dabei jedoch dem Football den Rücken zuzuwenden. Mittlerweile ist er bestrebt, jungen deutschen Football-Talenten mittels seiner Beziehungen und Bekanntschaften in den Vereinigten Staaten die Möglichkeit zu verschaffen, an US-Colleges vorzuspielen. Der gewagte Sprung über den großen Teich und hoffentlich in ein renommiertes College-Football-Programm soll ihnen die Gelegenheit bieten, einen der begehrten und umkämpften Plätze zu ergattern, damit die Chance auf eine NFL-Karriere Wirklichkeit werden kann.

Somit haben sich hier zwei gesucht und gefunden. Beide verfügen über profunde Kenntnisse und seltene Einblicke hinter die Kulissen der NFL. Diese nutzen sie, um den Zuhörern die Vorgänge und Geschehnisse zu erklären, die sonst für einen Außenseiter nur schwer nachzuvollziehen wären. Außerdem spinnen beide zuweilen aufgrund gewisser Informationen, die nicht jedem zugänglich sind, spannende Theorien, welche sich jedoch nicht immer als wahr und zutreffend erweisen. In ihrer Begeisterung und Faszination für den Sport rund ums Lederei überschlagen sie sich hin und wieder, was das Deutsch etwas wild werden lässt. Wenn es zu ersten Verständigungsproblemen kommt, greifen aber beide, wie auch viele andere Football-Fans, auf das alt bewährte Denglisch zurück.

Eine hervorstechende Eigenschaft, die Björn Werner und Coach Esume eint, ist das Vermögen, über sich selbst lachen zu können. Es wird im *FOOTBALL-BROMANCE*-Podcast viel und oft gelacht, über sich selbst, über einander oder über so mache Skurrilität, welche die NFL praktisch jede Woche zu bieten hat. Sie spricht aber ebenfalls für Lockerheit, Selbstsicherheit und Spaß an der eigenen Arbeit, was wiederum den Hörern zugutekommt und in jeder Minute Sendezeit zu spüren ist. Ansatzweise stören technische Schwierigkeiten den Hörgenuss, wenn es Björn Werner nicht möglich ist, eine verlässliche Internetverbindung in die Mark Brandenburg zu etablieren, wobei dieser Aspekt bereits als Running Gag aufgegriffen wurde.

Wer eine passende Assoziation zur *FOOTBALL BROMANCE* sucht, kann im musikalischen Bereich fündig werden. Wenn Dizzy B (Björn Werner) und der Black Hammer (Coach Esume) ins Plaudern und Schwärmen kommen, wird auch der härteste Kern – oder Kerl – weich. Deswegen ist die *FOOTBALL BROMANCE* die Podcast-Kuschelrock-Version für Football-Fans. Die meisten Hard-Rock-Bands mussten während ihrer Karrieren feststellen, dass ihre Balladen erfolgreicher waren als ihre anderen Lieder, die eigentlich ihrem Stil entsprechen sollten. Auf diese Schiene wurde der Podcast eben auch gesetzt und die wachsende Fangemeinde, bestehend aus bekennenden Bromantikern, scheint ihnen Recht zu geben.

Around the NFL – Die Stadtneurotiker

Start	Episoden	Häufigkeit	Dauer
07/2013	~ 1050	2-3 Folgen pro Woche	~ 60 Minuten
Podcaster		**Affinität**	
Dan Hanzus		New York Jets	
Marc Sessler		Cleveland Browns	
Chris Wesseling		Cincinnati Bengals	
Gregg Rosenthal		New England Patriots	
Erica Tamposi		New England Patriots	

Hierbei handelt es sich schlichtweg um den Podcast der Liga. Wer den Meinungsaustausch in Sachen Football und das generelle Geschehen in der NFL sucht, wird hier garantiert fündig. Es handelt sich dabei um ein irgendwie seltsames aber dafür äußerst faszinierendes Amalgam aus Zeitungsredaktion, Instagram-live, Zoom Meeting, Twitter-Feed, Stammtisch, Gerüchteküche und Jahreshauptversammlung der Vereinigung der Verschwörungstheoretiker. Jeder der Diskutanten hat dabei sein eigenes, selbstgeschnürtes Päckchen zu tragen.

Dan Hanzus ist der Host der Runde und leitet jede Episode mit der Ankündigung ein, in einem Raum voller Helden zu sein (A Room full of Heroes). „The ol' Zeuser" ist damit „gestraft", für sein Leben lang ein eingefleischter und gleichzeitig unverbesserlicher New-York-Jets-Fan zu sein. Diskutieren darf er in der Regel mit Marc Sessler, Chriss Wesseling und Gregg Rosenthal. Er ist es, der als Gastgeber durch die Sendung führt. Er leitet die Diskutanten an, achtet auf Ausgewogenheit bei Wortmeldungen und –anteilen, bringt Zusatzinformationen ein und spielt bei Bedarf auch die Rolle des Schutzmanns.

Marc Sessler ist ein freundlicher, zurückhaltender, jedoch gleichzeitig rede- und debattierfreudiger Zeitgenosse, dessen Wurzeln nach England führten, bevor er in die Staaten zog. Sein profundes Wissen, gespickt mit so mancher Insider-Information, lässt ihn zeitweilig stundenlang über Football philosophieren. Hin und wieder neigt er durch das Verknüpfen vieler einzelner, teilweise weit voneinander entfernter, Punkte dazu, einige wilde Theorien und Prophezeiungen aufzustellen und heraufzubeschwören, in welchen er sich zuweilen verliert, sofern er ihnen zu lange und zu stur nachhängt. Sein Spitzname in *Around the NFL* ist „The quiet Storm", da er sich oftmals zunächst zurückhält, während es in ihm unter der Oberfläche brodelt. Wenn der Vulkan ausbricht Gnade den anderen Diskutanten Gott. Genährt wird diese innere, tief liegende Wut schlichtweg durch die nicht zu verleugnende Tatsache, dass er ein Fan der Cleveland Browns ist. Das dürfte so manches erklären, aber nicht alles entschuldigen.

Chris Wesseling ist schlichtweg der „Mailman" der Show. Diesen Namen verdankt er zwei Gründen. Zum einen, weil er früher wirklich als Briefträger gearbeitet hat, zum anderen, weil er immer abliefert. Er hat die Gabe, praktisch zu jedem Thema sprechfähig zu sein. Darüber hinaus weiß er unglaublich viel über Football, nähert sich diesem Thema jedoch aus einer etwas anderen Richtung. Klatsch und Tratsch sind ihm nicht fremd, zumal er weiß, mit ihnen markante Einstiege in Statements zu finden. Zuweilen steuert er scheinbar triviales Wissen bei, was jedoch enorm hilft, sich in den schnellen Debatten zurechtzufinden und auch Neulingen das Folgen einfacher zu machen. Er wurde als Cincinnati-Bengals-Fan geboren und leidet seither unter diesem Makel. Aus Enttäuschung über die vielen Misserfolge seines Lieblingsvereins, kokettiert er immer wieder öffentlich damit, mit ihm gebrochen zu haben. Dennoch sollte man nicht alles unbesehen glauben, was man in US-Podcasts so zu hören bekommt. Ein Schelm, wer Böses dabei denkt.

Gregg Rosenthal ist ein New-England-Patriots-Fan und es quillt ihm aus jeder Pore. Er diskutiert ruhig mit den anderen, oftmals aufgebrachten und hitzigen Football-Fans, die endlich auch mal eine erfolgreiche Saison mit ihrem Team verleben möchten. Währenddessen sitzt er mit einem mitleidigen Lächeln dabei. Seine Kollegen sprechen davon, dass „60%-G" (weil sein Vorname zu 60% aus dem Buchstaben G besteht) auf einem Thron der Leichtigkeit sitze, weil die Patriots-Franchise in den letzten beiden Jahrzehnten derartig viele Erfolge vorweisen konnte, dass deren Fans mittlerweile so gnädig sind, den anderen auch mal einen Erfolg zu gönnen, weswegen ihnen reflexartig Arroganz und Gönnerhaftigkeit unterstellt werden. Darüber hinaus wird ihm von den anderen Talkern aufgrund seines beruflichen Werdegangs von Zeit zu Zeit noch ein wenig Respekt entgegengebracht, schließlich war „The old Boss" früher der Chef von Dan, Mark und Chris. Ob Gregg Rosenthal die Leichtigkeit und Souveränit nach dem spektakulären Abgang seines einstigen Star-Quaterbacks und GOATs auf einem Freibeuterschiff Richtung Tampa Bay Florida weiterhin auszeichnen, wird spannend zu beobachten sein.

Verfeinert wird die extravagante Runde durch die Präsenz hinter der großen Glasscheibe, Erica Tamposi. Sie ist momentan der letzte Name auf einer langen

Liste von Producern, welche bisher dazu beitrugen, den *ATN*-Podcast regelmäßig aufzunehmen. Mit ihren seltenen Redebeiträgen, dafür aber geprägt von der ihr innewohnenden schlagfertig-passiv-aggressiv-giftigen Art, liebevoll Dinge anzusprechen und ihren Finger in klaffende Wunden zu legen, ist sie zu einem kaum wegzudenkenden Bestandteil der Sendung geworden. Ricky Hollywood, alias Ricky Holliday, ist darüber hinaus oftmals inkognito, weswegen niemand sicher vorherzusagen weiß, welches Thema als nächstes auf den Tisch kommt. Sie ist eben ein prototypischer New-England-Patriots-Fan.

Diese illustere Truppe produziert durchschnittlich zwei bis drei Episoden pro Woche. Die Anzahl ist saisonal bedingt. Während der laufenden Saison, der Play-offs, des Combine und des Drafts gibt es natürlich mehr zu berichten und zu besprechen, während der Off-Season tauchen weniger Themen auf. Aus Mangel werden manche sogar heißer verhandelt, als sie es während der laufenden Saison würden.

Der Redefluss der Teilnehmer, die genaue Besetzung kann aus terminlichen Gründen von Mal zu Mal variieren, lässt sich meistens nur schwer stoppen. Nach einem anfänglichen kurzen Geplänkel widmen sie sich den NFL-News, danach werden mehrere Themen besprochen. Welche und wie viele genau ist stets offen. Eines ist jedoch sicher, jeder Diskutant erhält seinen Wortanteil. So sind die Episoden fast immer an der 60-Minuten-Marke dran, oftmals wird diese auch überschritten. Mittlerweile sind seit Juli 2013 fast 1050 Folgen zusammengekommen. Gesprächsstoff und Interesse seitens der Hörerschaft an den Meinungen ihrer Helden sind unzweifelhaft vorhanden. Wer lockeren, vielfältigen und energischen NFL-Talk gerne hört, muss *Around the NFL* unbedingt abonnieren.[1]

---

1 Vgl. URL: https://www.reddit.com/r/AroundTheNFL/wiki/history (Letzter Aufruf: 20.07.2020).

RapSheet and Friends – Die Insider

Start	Episoden	Häufigkeit	Dauer
09/2018	~ 100	1 Folge pro Woche	~ 60 Minuten

Podcaster	Affinität
Ian Rapoport	---
Mike Garafolo	---
Tom Pelissero	---

Das ist schlichtweg der Podcast für Insider in Sachen Football. Host der Show ist der NFL-Beatwriter und Namenspatron Ian Rapoport. Wenn es eine wichtige Information von einem der gegenwärtig 32 Teams zu berichten, verbreiten, kommentieren und erklären gibt, kommt sie sehr oft von ihm. Allen, die schon mal ein Video auf *nfl.com* oder bei *Good Morning Football* gesehen haben, werden sich an ihn erinnern können.

Eine relativ schmächtige Gestalt mit adretter Frisur, Jackett aus feinem Zwirn und vorbildlich gebundener Krawatte sitzt am Schreibtisch seines Arbeitszimmers – dekoriert mit elegant und stilvoll drapierten Helmen, Bällen und anderen Devotionalien aus mehreren Jahrzehnten professionellen Footballs – und gibt die Breaking News durch. Immer korrekt, immer abgesichert, stets nach dem journalistischen Zweiquellenprinzip arbeitend. Falls nicht, weist er immer darauf hin. Der Mann, dessen Smartphone – außer während der Aufnahme der Podcast-Episoden – niemals stillsteht und der vermutlich an vielen Orten (im Auto, im Büro, in der Wohnung, in Manteltaschen, etc.) starke Powerbanks platziert hat, weil er nicht riskieren kann, durch den Ausfall seines Smartphones die nächste Top-Nachricht zu verpassen, ist vor etwa zwei Jahren

auch in den stetig wachsenden Podcast-Sektor einge-
stiegen. Aufgrund seiner zeitlichen Eingebundenheit
liefert er zwar nur eine Folge pro Woche, welche aber
praktisch immer vor Informationen überbordet und
stets die neuesten Entwicklungen aufgreift. Zugeschal-
tete Interviewgäste oder im Vorfeld aufgezeichnete
Gespräche bereichern die Sendungen des Öfteren.

Allerdings verrät schon der Name der Sendung –
RapSheet and Friends –, dass es sich nicht um einen
Vortrag in Monologform handelt. RapSheet (Ian Rapoport) betreibt ihn mit seinen Freunden Mike Garafolo
und Tom Pelissero, ihres Zeichens ebenfalls hoch-
klassige Sportjournalisten mit NFL-Schwerpunkt, die
ihm hin und wieder bei der Vermeldung von Krachern
zuvorkommen. In wechselnder Besetzung, wer eben
gerade ein paar Minuten erübrigen kann, wird über
Football, insbesondere die NFL diskutiert. Die Sendungen dauern in der Regel knapp unter einer Stunde,
in der heißen Jahreszeit wird eine etwa einmonatige
Sommerpause eingelegt, damit auch die Protagonisten mal durchschnaufen und mit ihren Familien herrli-
che Urlaube verbringen können. Die NFL produziert
schnell genug wieder Schlagzeilen. *RapSheet and
Friends* wird zwar in englischer Sprache gesendet, für
die anglophilen Footballfans lohnt sich das Zuhören
vermutlich jedoch in den meisten Fällen, weil einen
durchaus das Gefühl beschleichen kann, so nah dran
zu sein, dass hin und wieder ein nasser Spritzer von
der Informationsquelle zu einem herüberfliegt. Wen
wundert es, wird doch schließlich die National Football
League im Impressum als Autor geführt.

Move the Sticks – Die Scouts

Start	Episoden	Häufigkeit	Dauer
01/2015	~ 570	2 Folgen pro Woche	~ 60 Minuten
Podcaster		Affinität	
Daniel Jeremiah		---	
Bucky Brooks		---	

Aus der gleichen Senderfamilie stammt auch der Podcast von Daniel Jeremiah und Bucky Brooks. In *Move the Sticks* besprechen die Moderatoren – ebenfalls in englischer Sprache – die letzten Meldungen rund um die NFL. Ihr Alleinstellungsmerkmal, auf Neudeutsch der Unique Selling Point, ist, dass sie dies explizit und ostentativ aus der Sicht eines Scouts tun. Also aus Sicht von jemandem, der sich in diesem Zusammenhang mit der Sichtung, Identifikation, Klassifikation und Evaluation von jungen Talenten, jungen Spielern aus den Colleges oder von den Practice Squads beschäftigt. Gerade bei der Vollkontakt-, andere sprechen gar von Kollisionssportart, ist allen Experten, Kennern und Fans stets bewusst, dass die nächste Chance für einen Spieler oftmals durch die Verletzung eines anderen Aktiven ermöglicht wird. Zur Einschätzung des Angebots und des Bedarfs ist das Auge eines (guten) Scouts unverzichtbar.

Beide Podcaster haben einen Football-Hintergrund, aber dennoch sind die Rollen relativ klar verteilt. Daniel Jeremiah war in seiner Jugend an zwei verschiedenen Colleges (Northeastern Louisiana, Appalachian State) erster Quaterback, schlug danach aber nicht den Weg des NFL-Spielers ein, sondern scoutete anschließend für drei verschiedene Teams (Baltimore

Ravens, Cleveland Browns, Philadelphia Eagles): Seither ist er als Analyst für *NFL Network* und als Journalist für *nfl.com* tätig. Hier trat er das schwere Erbe des „Gottes" der Draft-Analysen, Mike Mayock an, welcher mittlerweile als General Manager das Zepter bei den Las Vegas Raiders fest in Händen hält. Diese beiden Tätigkeiten haben Jeremiah und Brooks gemein. Allerdings schaffte Bucky Brooks nach seiner College-Karriere den Sprung in die NFL. Er wurde schon in der zweiten Runde ausgewählt und spielte anschließend für fünf verschiedene Mannschaften (Buffalo Bills, Green Bay Packers, Jacksonville Jaguars, Kansas City Chiefs und Oakland Raiders). Indes kam er über die Rollen als Kick Returner und Journeyman nie hinaus, weswegen er nach fünf Jahren seine aktive Karriere beendete und sich ebenfalls dem Scouting widmete. In diesem Sektor war er sowohl für die Seattle Seahawks als auch für die Carolina Panthers tätig, bevor er auf die „dunkle" Seite wechselte, um fortan für *nfl.com*, *NFL Network* und *Sports Illustrated* zu schreiben.

Insofern verwundert es demnach in keinster Weise, dass sich die Episoden stark dem College-Football und den aufblühenden Talenten widmen. Allerdings kommt natürlich auch *Move the Sticks* nicht am Tagesgeschäft der NFL vorbei. So gehören die ersten Minuten – meistens ein Drittel bis eine Hälfte – der jeweiligen Episode der Profiliga. Im Anschluss werden mit einem oder gar zwei zugeschalteten Interviewpartnern (Trainer, Spieler, Journalisten) entweder aktuelle Entwicklungen aus dem College-Bereich aufgegriffen, einzelne Positionsgruppen analysiert oder neue Trends/Philosophien im Coaching besprochen. In der Regel werden zwei Folgen pro Woche aufgenommen, deren Länge etwa eine Stunde umfasst. Dieser Podcast ist etwas tiefgründiger angelegt, er zielt auf ein differenzierteres Publikum, nämlich auf die Spezialisten. Es gibt wöchentlich hoch interessante Informationen und detaillierte Analysen. Um diesen im Einzelnen folgen zu können, bedarf es jedoch eines gefestigten Vorwissens. Demnach ist *Move the Sticks* ein Geheimtipp, möglicherweise aber nicht unbedingt für jeden Football-Neuling zu empfehlen.

Unbuttoned – Der Gerichtssaal

Start	Episoden	Häufigkeit	Dauer
03/2019	~ 175	2 Folgen pro Woche	~ 60 bis 90 Minuten
Podcaster		Affinität	
Chris Simms		---	

Für Freunde der deftigen Sprache, der klaren Kante, der deutlichen Ansagen und des Trash Talks ist der *Unbuttoned*-Podcast definitiv das richtige Angebot. Hier geht es richtig ab und niemand, der jemals auch nur eine Episode dieses Podcasts gehört hat, wird behaupten können, dass der Experte mit seiner Meinung hinter dem Berg hält. Böse Zungen behaupten sogar, der Host der Show kompensiere durch harte verbale Attacken seine eigenen sportlichen Unzulänglichkeiten. Chris Simms, ist nämlich ein gescheiterter NFL-Quaterback mit einem Übervaterkomplex.

Schon am College, er spielte für die Texas Longhorns, konnte er sich nicht als Starter durchsetzen, obwohl er stets als hoch talentiert galt. In die NFL kam er als Drittrunden-Pick und spielte dort sieben Saisons für drei verschiedene Teams (Tampa Bay Buccaneers, Tennessee Titans und Denver Broncos). Insgesamt verlief Simms Spielerkarriere eher medioker. Problematisch waren für ihn stets die Vergleiche mit seinem Vater, der Football-Legende Phil Simms (zweifacher Super Bowl-Sieger [XXI, XXV], Super Bowl-MVP, zweifacher Pro Bowler (1985, 1993), 14 Jahre als Spieler in der NFL und Pick Nummer 7 im NFL-Draft 1979), die eine Erwartungshaltung hervorriefen und gleichzeitig einen Druck aufbauten, der und dem Chris Simms in dieser Form sportlich nie gerecht zu werden vermochte und standhielt. Nach ihren jeweiligen Karrieren gelang es Vater und Sohn, neben dem Feld ein verbindendes Element zu entdecken. So waren beide in diversen Rollen für verschiedene Fernsehsender im Bereich der Football-Berichterstattung aktiv, hauptsächlich für *NBC*, *CBS*, *ESPN* und *Bleacher Report*. Angekündigt als „The big F...cker" wird er in unregelmäßigen Abständen von seinem Sohn in die Show eingeladen und zugeschaltet, sodass auch Prominenz vorhanden ist.

Seit dem März des Jahres 2019 kommentiert Simms mit dem Blick eines Profis die Spiele, die Spieler, die Trainer, die sportlichen Leiter und die Schiedsrichter und nimmt sie unter die Lupe. Garniert mit zuweilen dreisten – und absichtlich provokant formulierten – Meinungen und Theorien bezüglich der jüngsten Vorkommnisse, Analysen von Game-Tape und Insider-Wissen über Spielzüge reichert er ein Potpourri an, dass viele NFL-Fans dazu gebracht hat, ihm auf den sozialen Medien zu folgen. Durch eine nonchalante, unkonventionelle und herausfordernde Art schafft es Simms, auch Menschen, die ihn und seine Thesen hassen, dennoch zu faszinieren. Er ist sich dessen durchaus bewusst und wirbt direkt um Zuhörer, auch wenn sie ihn nicht leiden können. Hauptsache es gelingt ihm, sie dazu zu bringen, seinen Podcast zu abonnieren. Der Name *Unbuttoned* ist im Übrigen eine Anspielung auf seine Garderobe bei öffentlichen Auftritten, weil er oft hoch und eng zugeknöpfte Hemden trägt, wohingegen in diesem Podcast angeblich nichts zurückgehalten wird.

In der Regel sind Paul Burmeister oder Ahmed Fareed im Studio, um als Stichwortgeber und Side-Kick zu

Simms aufzutreten, aber wirklich zur Sache geht es drüber hinaus in den Episoden, in denen die Stimme und Feder von *profootballtalk.com*, Mike Florio, Teil der Show ist. Zwei Egos prallen aufeinander. Florio steht Simms im Beharren auf der Richtigkeit der eigenen Meinung in nichts nach. Außerdem ist er durchaus in der Lage, sich in gleicher Sprache und gleichem Vokabular mit dem alternden Ex-Footballer auseinanderzusetzen. Einmal pro Woche ist er mit Chris Simms im Studio bzw. sind beide mittels Audio- und Videotechnik verbunden. Die permanenten Provokationen, Beleidigungen und Sticheleien nimmt Florio dabei ohne mit der Wimper zu zucken hin, lässt sich jedoch mitnichten auch noch auf die andere Wange schlagen. Eher wird nach dem alttestamentarischen Prinzip – Auge um Auge, Zahn um Zahn – verfahren, wenn er es Simms mit gleicher sprachlicher (in Lautstärke und Vokabular) Münze zurückzahlt. Wer heiße Emotionen und krude Spekulationen mit Football-Zusammenhang sucht und sich nicht an verbal ausgetragenen Auseinandersetzungen stört, ist bei *Unbuttoned* genau richtig.

Upon further Review – Das schwarze Loch

Start	Episoden	Häufigkeit	Dauer
07/2018	~ 135	1 Folge pro Woche	~ 60 Minuten
Podcaster		**Affinität**	
Eddie Paskal		Las Vegas Raiders	

Noch ein kleiner Podcast als Spezialangebot für alle Raiders-Fans. In Deutschland sind bekanntlich eher die Seattle Seahawks oder die New England Patriots als größere Fanmagneten auszumachen, aber in den Vereinigten Staaten von Amerika ist das anders. Jedes Team hat seine ihm angestammte Fanbase. Allerdings unterscheidet sich die der Raiders von denen anderer Teams erheblich, was auch alle nicht Raiders-Fans sicherlich unterschreiben würden, wenngleich sie das Wesen der Raiders womöglich negativ konnotierten.

Die Raider-Nation ist groß, sie ist weit und sie ist ausgesprochen pluralistisch. Insbesondere ist sie für ihre Treue zum Team bekannt, getreu dem einstmals von Al Davis ausgegebenem Motto: „Once a Raider, always a Raider". Die Fans sind leidenschaftlich, frenetisch, verrückt, loyal und extrem begeisterungsfähig. Ihr Herz für Ihr Team ist so groß, dass sie es ihren Raiders verzeihen, sie zu verlassen. Was für europäische Ohren unglaublich klingt, ist im durchkommerzialisierten Business US-Profisport völlig normal. Die jeweiligen Teams gehören ihren Besitzern (außer bei den Green Bay Packers). Die Owner haben in absolutistischer Manier die alleinige Entscheidungsgewalt. So befahl Al Davis einst, mit den Raiders von Oakland nach Los Angeles umzuziehen. Fortan spielten sie zwölf Jahre lang in der Stadt der Engel, ehe er eine Rückkehr ins heimische Oakland anordnete. Nach seinem Tod übernahm sein Sohn, Mark Davis, die Geschicke der Franchise und machte es seinem Vater nach. Die Raiders verließen Oakland ein zweites Mal und spielen ab 2020 als Las Vegas Raiders weiter. Obwohl in Los Angeles mittlerweile zwei andere professionelle Football-Teams beheimatet sind, gelten die Raiders sowohl dort, als auch in Oakland und Las Vegas als die mit Abstand beliebteste Franchise, was nur mit Mystik zu erklären ist, welche die Silver-and-Black umgibt.

Für alle, die sich mittels eines Podcasts über die Raiders informieren wollen, bietet das Team gleich ein ganzen Netzwerk – das Raiders Podcast Network – an. In verschiedenen Formaten teilen die Medienmacher der Raiders Informationen, Meinungen und Spekulationen um diese Franchise, die für die Zuhörer in mehrerer Hinsicht von Interesse sind. Vor allem die Sendung *Upon further Review* ist seit dem Juli 2018 zur wöchentlichen Quelle für Raiders-Talk avanciert. Der Host, Eddie Paskal, führt in einer etwa einstündigen Episode durch die neusten sportlichen Nachrichten, die in Zusammenhang mit den Raiders Mehrwert für die Zuhörer versprechen. Oftmals schalten sich Interviewgäste hinzu, manchmal Journalisten, manchmal aktuelle und ehemalige Spieler und Trainer der Raiders. In seltenen aber umso faszinierenderen Fällen gelingt es ihm sogar, die beiden gegenwärtig ausschlaggebenden Figuren im sportlichen Bereich vor sein Mikrofon zu locken, nämlich den Raiders-Trainer Jon Gruden und den General Manager Mike Mayock.

Für die Raider-Nation im Podcast-Universum bildet *Upon further Review* einen Eckpfeiler der Nachrichtenversorgung, meist in Kombination mit anderen NFL-Podcasts, welche sich nicht hauptsächlich bis ausschließlich mit der besten Organisation im professionellen Football auseinandersetzen. Mittlerweile hat der scheinbar nicht alternde aber nunmehr verheiratete Eddie Paskal schon über 100 Episoden dieses Podcasts produziert. In Stil und Sprache orientiert er sich dabei ganz klar an der eher jungen Zielgruppe der Podcast-Hörer. Wer sich für die Raiders begeistert und wissen will, was im und um den Todesstern los ist, muss hier unbedingt reinhören. Um mit Nicole Zaloumis zu sprechen: Go Raiders!

Das Podcast-Universum – Unendliche Weiten

Wer jetzt, nach der Lektüre des Guides, noch immer nicht weiß, in welchen Football-Podcast er mal reinhören sollte, um wenigstens kurz zu checken, ob er ihm gefällt, dem ist eigentlich nicht zu helfen. Bei den thematisierten Podcasts handelt es sich um die Crème de la Crème derer, die sich mit dem Sport American Football beschäftigen. Sie variieren in der Länge, sie bedienen sich verschiedener Sprachen, sie unterscheiden sich in der Perspektive, sie differieren im Fokus oder sind gar eine Mischung aus allem. Viele der Protagonisten haben Bande zu unterschiedlichen Franchises. Es sind kleinere und größere Gesprächsrunden, manche schalten regelmäßig Gäste zu, manche vermitteln Informationen mittels direkter Ansprache. Genau diese Unterschiedlichkeit macht den Pep Talk aus, denn dieser Guide verdeutlicht, dass viele Wege nach Rom, in diesem Fall in die 30 Arenen der NFL, führen.

Wem das aber noch nicht reicht, dem sei jedoch versichert, dass es trotzdem noch viele andere Football-Podcasts da draußen gibt. Nur, weil sie hier nicht näher vorgestellt wurden, kann, darf und soll der Stab über sie an dieser Stelle nicht gebrochen werden. Man kann ja schließlich auch nicht alles hören. Falls aber jemand seinen Horizont auf eigene Faust, ohne nähere Informationen aus diesem Guide, erweitern möchte, ist es ihm vergönnt, sich auf vielen Plätzen auszutoben.

Ein weiterer Podcast ist beispielsweise *Die Pille für den Mann* – praktisch ein Muss für alle Carsten-Spengelmann-Fans. In seinen Sendungen spricht der

Podcaster, Schauspieler, Fernsehmoderator und Amateur-Football-Trainer mit Co-Moderator Mike Stiefelhagen über den Football-Sport. Als Fan der Miami Dolphins kann er dabei seine eigene Meinung jedoch kaum zurückhalten. Außerdem ist Spengelmann stark auf die defensiven Aspekte des Spiels fokussiert und schweift gerne ins Boulevardeske ab. Ungefähr 75 Folgen wurden bereits aufgenommen; die Show läuft seit etwa einem Jahr.

Noch fast auf dem europäischen Kontinent, auf einer kleinen vorgelagerten Insel, wird seit Kurzem ein weiterer interessanter Podcast produziert. Wer also ähnlich wie die NFL mehr und mehr einen Fuß in die Tür des großen und lukrativen europäischen Marktes bekommen möchte, konzentriert sich auf Großbritannien und insbesondere dessen Hauptstadt London. Nicht umsonst setzt die NFL seit Jahren mehrere Regular-Season-Games in der Metropole an der Themse an. Früher nur im Wembley-Stadion, mittlerweile auch in der neuen Arena der Tottenham Hotspurs, welche in Zusammenarbeit mit der und nach den genauen Vorstellungen und exakten Vorgaben der NFL konstruiert wurde, um allen Erfordernissen eines American-Football-Spiels zu entsprechen. Nicht zuletzt aus diesem Grund hält sich seit Jahren hartnäckig das Gerücht, dass in nicht allzu ferner Zukunft eine Franchise nach London umziehen und als „European Team" die NFL bereichern könnte. Das hören ganz besonders die Bewohner des Landkreises Duval County, der Heimat der Jacksonville Jaguars, äußerst ungern, weil hauptsächlich ihre Franchise, mit ihrem Besitzer Shahid Khan, einem der weniger konservativen Owner in dieser Liga, dafür durchaus offen sein sollen. Die Macher bei *Sky Sports*, dem übertragenden Fernsehsender, sind sich dieser Konstellation selbstverständlich bewusst und sprangen vor ein paar Jahren auch auf den Podcast-Zug auf. Mittlerweile haben Neil Reynolds und Jeff Reinebold 300 Episoden aufgenommen und sich als der veritable UK-Football-Podcast mit dem treffenden Namen *Inside the Huddle* etabliert. Wen speziell der internationale Ansatz der NFL interessiert und wen professionell produzierte Sendungen mit dahinterstehendem Kapital begeistern, der kann hier durchaus mal reinhören.

Das größte Reservoire an Stoff ist natürlich dennoch westlich des großen Teiches zu finden. Es ist mehr als wahrscheinlich, dass die meisten Football-Podcasts mit relevanter Reichweite hierzulande gar nicht bekannt sind. Wem die bereits beschriebenen US-amerikanischen Formate noch nicht reichen, nicht genügen oder nicht zusagen, der kann sich an unzähligen anderen Produktionen austoben. Da wäre zunächst *Undisputed*. Ein Streitgespräch zwischen zwei eloquenten und verbissenen Diskutanten, die nicht viel auf die Regeln der Lincoln-Douglas-Debatten geben. Shannon Sharp, früherer Star-Tight-End der Denver Broncos und Baltimore Ravens und Skip Bayles, ein langjähriger Journalist, der mehrere Bücher über die Dallas Cowboys geschrieben hat, geben hier Woche für Woche die Antagonisten. Wer auf Geschrei, Stress, Adrenalin, Rechthaberei und Meinungsmacht steht, sollte hier mal reinhören. Zwei Sachen sind garantiert. Es wird niemals langweilig und beide Seiten sind auf Krawall gebürstet. Seit einigen Jahren liefern die beiden regelmäßige Dispute über allerlei Themen. Damit haben sie bereits 200 Sendungen gefüllt. Allerdings fokussieren sie sich nicht nur auf Football, sondern sprechen auch über die drei anderen großen US-amerikanischen Sportarten.

Für Liebhaber von Ruhe und gepflegter Gesprächskultur ist hingegen die *Rich Eisen Show* die Sendung der Wahl. Der Gast- und gleichzeitig Namensgeber des Podcasts ist ein hochdekorierter NFL-/Football-/Sportjournalist und fast schon eine Institution in der Sportberichterstattung des amerikanischen Fernsehens. In der Zwangsjacke des engen Zeitplans einer Fernsehproduktion unter dem Kommando großer Sender fühlte er sich nie so ganz wohl, weswegen sich Rich Eisen ihr 2014 entledigte und in seinem Podcast nach dem alten Motto verfährt: Ihr habt die Uhr, wir haben die Zeit. Die Episoden sind sehr ausgedehnt, viele Gesprächspartner werden regelmäßig für kleinere Abschnitte zugeschaltet. Drei Stunden sollten pro Folge eingeplant werden; fast 300 Episoden sind bereits produziert worden. Insgesamt erinnert das Ambiente weniger an eine moderne Audio-/Videoproduktion für Podcasts und Social Media des 21., als vielmehr einen Fünf-Uhr-Tee, eingenommen im Kaminzimmer unter den Klängen einer Geige des 19. Jahrhunderts. Hier finden sowohl die Zuhörer als auch der Rich Eisen höchst selbst Ruhe und Frieden, welche er als New-York-Jets-Fan auch dringend braucht. Seine beruhigende und vertraueneinflößende Single-Malt-Stimme trägt dazu in erheblichem Maße bei.

Eine weitere Option stellt der *Dave Demachek Football Program-Podcast* dar. Schon fast zehn Jahre (über 900 Episoden) betreibt Dave Demachek, seit Geburt ein Fan der Pittsburgh Steelers, seinen Podcast, in welchem er locker mit seinen Gästen aus der NFL

über die NFL spricht. In seiner nochalanten Art über-
rumpelt er zuweilen seine Gesprächspartner und ent-
lockt ihnen kleine Geheimnisse. Leider verhaspelt er
sich des Öfteren, insbesondere wenn er bei hohem
Sprechtempo ins Stottern gerät, was den Hörgenuss
merklich mindert. Außerdem ist er bei *NFL Network* für
Fantasy Football zuständig, weswegen diesem Alter-
nativuniversum oft (zu viel) Beachtung geschenkt wird.
Wer Spaß an dieser Freizeitbeschäftigung hat, dürfte
hier einige Anregungen finden. Die Sleeper warten.

Mike Florio hingegen spielt bei seiner Sendung gerne
den Advocatus Diaboli, also denjenigen, der eine Min-
derheitenmeinung vertritt, das unpopuläre Gegenar-
gument bringt und sich überhaupt nicht um die moralin
getränkten Ansichten und Einschätzungen seiner Mit-
diskutanten schert. Das fällt ihm leicht, schließlich hat
er eine juristische Ausbildung abgeschlossen und fast
zwei Jahrzehnte als Anwalt in West Virginia praktiziert.
Seit der Jahrtausendwende schreibt er, zunächst
nebenberuflich, auf seinen eigenen Websites über
Football und die NFL. Dieses Nebenprojekt avancierte
zu einem derartigen Erfolg, dass erst *ESPN* und später *NBC Sports* auf ihn aufmerksam wurden. Der Sender kaufte *Pro Football Talk* (PFT) 2009 schließlich
auf. 2011 startete Florio seine Podcast-Show und produzierte bis heute über 200 Episoden. Das Polarisie-
ren ist eindeutig seine Stärke und das Markenzeichen
von *PFT*. Er geht sogar soweit, damit zu kokettieren,
ein Fan der Minnesota Vikings zu sein. Wenn man
seiner Meinung ist, möchte man ihn auf die anderen
hetzen. Wenn man nicht seiner Meinung ist, möchte
man ihn am liebsten zum Schweigen bringen. Für
Mike Florio ist das in Ordnung, solange die Leute wei-

ter einschalten und auf diversen Kanälen über ihn und die Episoden sprechen.

Letztlich sei an dieser Stelle noch *Pro Football Focus* erwähnt, weil deren Statistiken, Bewertungen, Boards, Rankings und Einschätzungen mittlerweile in kaum einem Gespräch über die NFL fehlen. Wer auf Zahlen und Indizes steht, ist hier im siebten Himmel gelandet. Wenngleich das Podcast-Angebot von *PFF* aus mindestens vier verschiedenen Produktionen besteht, geht es hier lediglich um die NFL-bezogene Sendung *The PFF NFL Show*. In ihr sprechen zwei der führenden Analysten von *PFF* über die NFL, besser gesagt, hauptsächlich über das, was sich die *PFF*-Mathematiker in ihren Kellern zusammengerechnet haben. Steve Palazzolo, ein New-York-Jets-Sympathisant mit Wurzeln im Minor-League-Baseball und Sam Monson, von der smaragdgrünen Insel stammend, schätzen Teams und Spieler anhand der errechneten Statistiken von *PFF* ein. Die Zahlen dienen ihnen dabei als Persilschein für die Richtigkeit ihrer Meinung, da sie ja, entgegen Einschätzungen von anderer Seite, völlig objektiv sein sollen. Allerdings sah sich *PFF* über die Jahre hinweg durchaus Kritik vonseiten konkurrierender Anbieter bzw. Gruppen ausgesetzt, die einen ähnlichen statistischen Ansatz verfolgen, *PFF* aber Unsauberkeiten und Schwächen in deren Methoden vorwerfen (kleine Datenbasen, Verzerrungen bei Einschätzungen, etc.).

Ursprünglich wurde *PFF* in den 00er-Jahren im Vereinigten Königreich gegründet und genoss ein natürliches Wachstum. Der prägende Moment für dieses Unternehmen ereignete sich 2014, als die Kommentatorlegende von *NBC Sports* und frühere Star-Wide-

Reciver der Cincinnati Bengals, Cris Collinsworth, die Mehrheitsanteile erwarb. Mittels seiner Verbindungen und seines Insider-Wissens positionierte er *PFF* derart geschickt in der Informations- und Meinungsindustrie, rund um die NFL, dass die *PFF*-Boards eine beachtliche Relevanz für viele Experten erlangt haben. Das Problem ist, dass sich die ganze *PFF*-Crew hinter einem Wall aus Zahlen, Grafiken und Indizes verbirgt, nur um letztlich doch die eigenen Meinungen durch die Schießscharten loszuwerden. Der Richtungs- und Methodenstreit zwischen dem quantitativen und dem qualitativen Ansatz, der aus dem Wissenschaftsbetrieb diverser Fachrichtungen hinlänglich bekannt sein dürfte, scheint sich aus der wissenschaftlich-akademischen Sphäre der Universitäten in den letzten Jahren schleichend auf den Football ausgedehnt zu haben. Ob das zum Guten oder zum Schlechten des Sports ist, bleibt zunächst abzuwarten.

Locker Room Speech – Die Nachbesprechung

Anhand dieser wenigen Seiten ist es hoffentlich gelungen, Euch, den geneigten Lesern, einen kleinen Überblick über die Podcast-Szene in Sachen American Football zu verschaffen. Die enorme Vielseitigkeit ist binnen kürzester Zeit offenkundig zutage getreten. Sie dürfte sowohl im Medium Podcast als auch in der Faszination der Sportart begründet sein. Die Technik bietet Möglichkeiten, die vor zwanzig Jahren absolut futuristisch erschienen wären und hat die Macher dazu ermutigt und befähigt, sich auf diesem Gebiet auszutoben. Hinzu gesellte sich die unglaubliche Kreativität von Football-Fans, welche die Chance ergriffen, sich noch intensiver mit Football zu beschäftigen. So entspann sich in weniger als einer Dekade ein unglaublich engmaschiges Netz an Informationsangeboten.

In Pep Talk ist der Versuch unternommen worden, eine grobe Landkarte für Euch, die interessierten Hörer/Leser, zu zeichnen. Jedem steht diese Karte nun zur Verfügung. Allerdings scheint es eine zu sein, wie sie die mutigen Seefahrer zu (vor)kolonialen Zeiten in Händen hielten, als sie mittels Sternenkonstellationen, Sonnenständen und Sextanten versuchten, den richtigen Kurs für ihr Schiff zu bestimmen. Vor allem aber gibt es nach wie vor große weiße Flecken auf der Karte. Unbekannte Länder, Terra incognita, Podcasts, die noch nicht bekannt, noch nicht erforscht und hier leider nicht beachtet worden sind. Deswegen werden viele Leser sicherlich verwundert darüber sein, warum einer ihrer Lieblingspodcasts nicht mal erwähnt worden ist.

Dafür wurde alles darangesetzt, einen Konsens zu erzielen. Einen Konsens, der fast jedem mindestens

43

einen bekannten Anknüpfungspunkt bietet und sogleich weitere, vielleicht bis dahin unbekannte, Optionen offeriert. Die Reichweite der Sendungen spielte dabei eine Rolle, ihr Format, ihre Länge, ihre Frequenz, ihre Qualität, ihr Ansatz, ihre Sprache, ihre Relevanz in den Medien und der hoffentlich zu erwartende Hörgenuss. Allein die weitgefächerte Auswahl an Kriterien lässt es unsinnig erscheinen, eine Rangfolge zu erstellen. Es würden nicht nur Äpfel mit Birnen, sondern Äpfel mit Speisequark verglichen. Aus diesem Grund wurde wissentlich und willentlich darauf verzichtet, eine abgestufte Liste anzufertigen, nicht zuletzt, um jedem selbst die Entscheidung zu überlassen.

Sucht Euch einfach Podcasts raus, die Euch gefallen und habt Spaß beim Hören. Denkt vielleicht dabei an die Draft-Strategie der Seattle Seahawks und lasst das Big Board das Big Board sein. Nehmt es nicht so wichtig, wie andere Leute die verschiedenen Podcasts bewerten, welche Position sie ihnen auf dem Podcast-Big-Board geben würden. Glaubt an Eure Picks. Warum solltet Ihr Euch von Bewertungen anderer diktieren lassen, welche Sendungen Ihr zu hören habt, Ihr, wie es so oft heißt, hören müsst? Wenn Ihr Euch schon die Zeit nehmt, einem Podcast zu folgen und regelmäßig reinzuhören, dann sollte es sich doch auch um eine Produktion handeln, die Euch gefällt. Ihr habt die Wahl, Ihr habt die Macht. Nutzt sie weise.